SINOPSE:

Em uma pequena cidade, vive uma menina chamada Sara, cuja vida é transformada por sua profunda conexão com a Bíblia. Sara é uma criança curiosa e cheia de amor em seu coração, mas ela não entende completamente o significado da fé e do amor ao próximo até que encontre um misterioso livro na biblioteca de sua avó.

Este livro é a Bíblia, e à medida que Sara começa a lê-lo, ela mergulha em histórias fascinantes de fé, esperança e amor. À medida que cada história bíblica se desenrola, Sara começa a compreender o valor do amor incondicional, da compaixão e da generosidade.

SINOPSE:

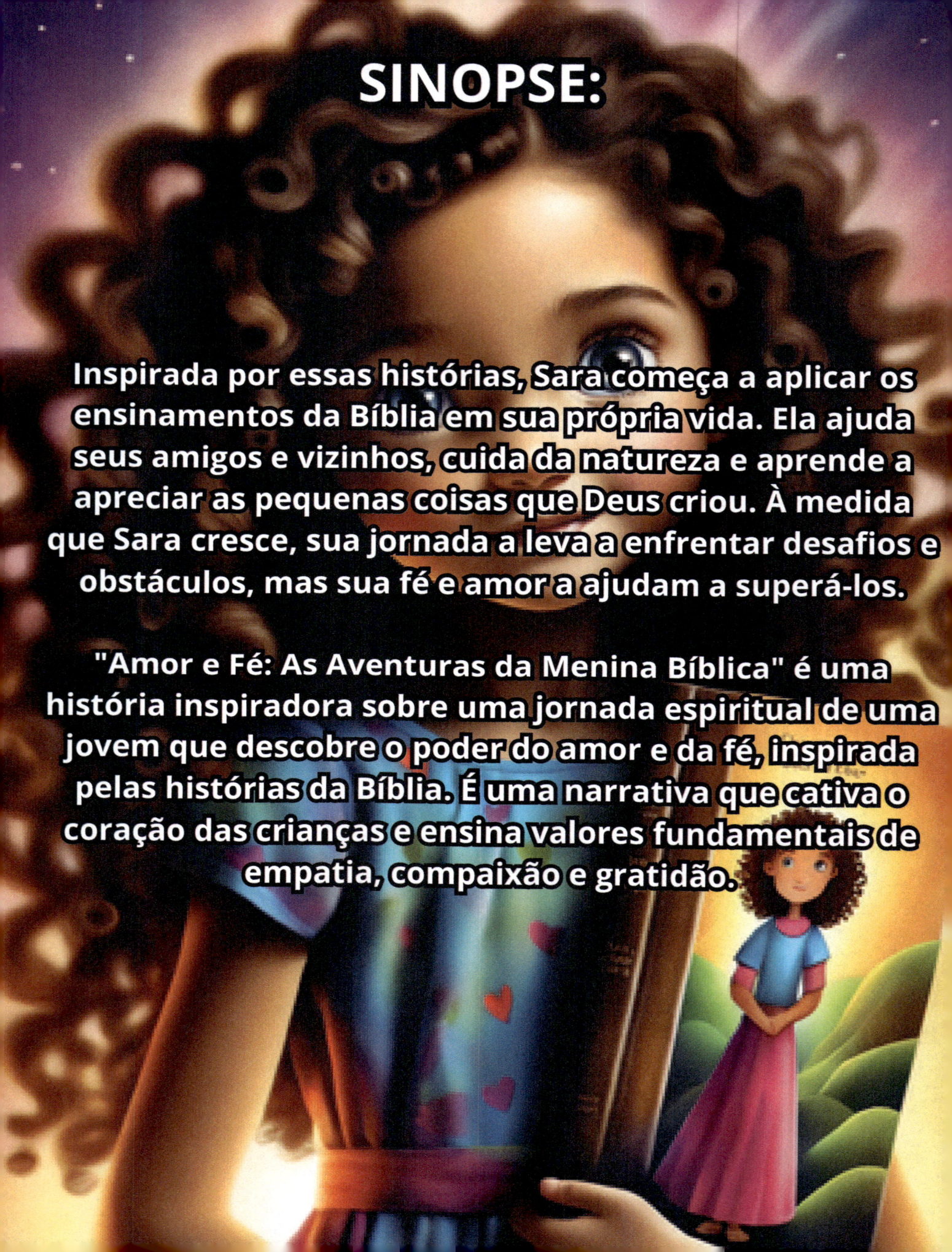

Inspirada por essas histórias, Sara começa a aplicar os ensinamentos da Bíblia em sua própria vida. Ela ajuda seus amigos e vizinhos, cuida da natureza e aprende a apreciar as pequenas coisas que Deus criou. À medida que Sara cresce, sua jornada a leva a enfrentar desafios e obstáculos, mas sua fé e amor a ajudam a superá-los.

"Amor e Fé: As Aventuras da Menina Bíblica" é uma história inspiradora sobre uma jornada espiritual de uma jovem que descobre o poder do amor e da fé, inspirada pelas histórias da Bíblia. É uma narrativa que cativa o coração das crianças e ensina valores fundamentais de empatia, compaixão e gratidão.

CAPÍTULOS:

1. O Livro Secreto
2. O Dilúvio e a Grande Aventura
3. O Amor ao Próximo
4. O Jardim Encantado de Sara
5. Davi e o Gigante Goliath
6. A Jornada de Fé de Sara
7. Espalhando o Amor e a Fé
8. O Milagre da Partilha

Conclusão

O Livro Secreto

Sara era uma garotinha notável. Ela tinha olhos brilhantes que pareciam esconder segredos, cabelos cacheados que dançavam ao vento e um sorriso radiante que iluminava a vida de todos ao seu redor. O que a tornava ainda mais especial era sua insaciável curiosidade e amor pelas aventuras.

Naquela manhã ensolarada, enquanto a avó de Sara cuidava do jardim, Sara decidiu explorar a casa antiga da família. Ela subiu as escadas de madeira rangentes até o sótão, um lugar cheio de memórias empoeiradas e caixas antigas. E foi ali, entre as sombras do passado, que ela fez uma descoberta extraordinária.

Ao mexer em uma caixa empoeirada, Sara encontrou um livro que parecia mágico. Ele estava envolto em uma capa de couro envelhecido, com páginas amareladas pelo tempo. O livro exalava um aroma de mistério e aventura que a cativou instantaneamente.

Com cuidado, Sara abriu o livro e as páginas começaram a brilhar. Uma suave brisa encheu o sótão, como se o próprio vento estivesse ansioso para ouvir a história que estava prestes a se desenrolar. Palavras ganharam vida, e ilustrações saltaram das páginas. "Bem-vinda à Bíblia", sussurrou uma voz mágica, fazendo com que Sara se sentisse envolvida por uma aura de maravilha.

Sara não podia acreditar no que estava acontecendo. Ela tinha sido transportada para um mundo mágico, onde as histórias da Bíblia ganhavam vida. Noé construía uma arca gigante, animais de todas as espécies marchavam a bordo e a chuva começava a cair. A menina ficou fascinada com a coragem de Noé e a maneira como ele cuidava de cada criatura, garantindo que nenhuma delas se sentisse sozinha durante o dilúvio.

Sara se viu ajudando Noé a carregar os animais a bordo e testemunhando o poder de Deus de uma maneira que ela nunca imaginara. Foi uma aventura emocionante que a fez perceber a importância da compaixão e do trabalho em equipe.

À medida que o dilúvio passava e a arca finalmente repousava sobre terra firme, Sara percebeu que aprendera uma lição valiosa sobre o amor e o cuidado com todas as formas de vida. Noé agradeceu a Sara por sua ajuda e a viu desaparecer gradualmente, retornando ao sótão empoeirado da casa.

Sara fechou o livro com um sorriso de admiração. Ela sabia que tinha feito uma descoberta incrível e que sua jornada estava apenas começando. A história da arca de Noé a ensinara sobre compaixão e trabalho em equipe, e ela estava ansiosa para explorar mais histórias mágicas da Bíblia. Com uma sensação de aventura no coração, Sara guardou o livro em seu bolso e desceu as escadas para compartilhar sua descoberta com a avó.

O Dilúvio e a Grande Aventura

Sara, com o livro mágico guardado com cuidado no bolso, estava determinada a explorar mais histórias incríveis da Bíblia. Naquela tarde, enquanto a chuva começava a cair lá fora, ela decidiu abrir novamente o livro mágico. O vento sussurrou encorajadoramente enquanto as páginas brilharam, levando-a de volta ao mundo das maravilhas da Bíblia.

Dessa vez, Sara encontrou-se em um lugar muito diferente. Ela estava em meio a um deserto de areia quente, onde as ondas do mar se chocavam furiosamente contra as colinas distantes. No horizonte, uma arca gigante estava tomando forma. Era a arca de Noé.

Sara correu em direção à arca e encontrou Noé trabalhando arduamente ao lado de seus filhos, construindo a estrutura colossal. Os animais de todas as espécies se aproximavam, dois a dois, e entravam na arca sob o olhar atento de Noé.

Sara não pôde deixar de se maravilhar com a cena. Ela se juntou à equipe, ajudando a carregar os últimos animais a bordo. Girafas, elefantes, leões e até mesmo pássaros coloridos entraram na arca de Noé. Cada criatura parecia entender a gravidade da situação.

Enquanto o último animal subia a bordo e a chuva começava a cair, Sara e Noé se encontraram cercados pelo rugido da tempestade. Gotas pesadas de chuva caíam do céu, como se todo o oceano estivesse sendo derramado. Mas a arca de Noé permaneceu firme, flutuando nas águas turbulentas.

Sara e Noé passaram dias a bordo da arca, cuidando dos animais e orando por segurança. No meio da tempestade, eles viram o arco-íris brilhar no céu, lembrando-lhes da promessa de Deus de nunca mais inundar a Terra.

À medida que o dilúvio diminuía, a arca finalmente repousou sobre uma colina. Sara e Noé abriram as portas da arca, permitindo que todos os animais saíssem em segurança. As criaturas correram animadas para a liberdade, e o mundo começou a se recuperar da grande inundação.

Sara percebeu que havia aprendido uma lição valiosa. Ela viu como o amor, a compaixão e a dedicação de Noé haviam salvado todas as criaturas da Terra. Era uma lição sobre a importância de cuidar da natureza e de todos os seres vivos.

Com um sorriso, Sara fechou o livro mágico. Ela sabia que essa jornada mágica pela Bíblia estava apenas começando. Cada história a ensinava algo novo e a inspirava a ser uma pessoa melhor. Sara guardou o livro novamente em seu bolso, grata por suas aventuras e ansiosa para as próximas.

O Amor ao Próximo

Sara acordou no dia seguinte com uma sensação de empolgação. O livro mágico da Bíblia estava esperando por ela, cheio de histórias e lições incríveis. Ela sabia que cada página podia levá-la a um mundo completamente novo.

Dessa vez, quando Sara abriu o livro, foi transportada para uma estrada poeirenta em uma pequena aldeia. Ela viu um homem de aparência cansada deitado no chão, ferido e com dor. Pessoas passavam apressadas, ignorando o homem em necessidade. Mas Sara sabia que não podia simplesmente seguir em frente.

Corajosamente, Sara se aproximou do homem e perguntou se ele estava bem. O homem murmurou que precisava de ajuda. Sara, seguindo o exemplo do Bom Samaritano, ajudou-o a se levantar e cuidou de seus ferimentos. Ela compartilhou seu cantil de água e ficou ao lado do homem até que ele estivesse pronto para seguir viagem.

As pessoas ao redor observaram com surpresa e admiração. Alguns se aproximaram para agradecer a Sara por sua gentileza e compaixão. Ela tinha aprendido uma lição importante sobre o amor ao próximo e a importância de ajudar os outros em tempos de necessidade.

Sara continuou sua jornada pela aldeia, ajudando sempre que podia. Ela ajudou a consertar cercas, carregou sacos de comida para os necessitados e até mesmo organizou uma pequena festa para alegrar o coração das pessoas. À medida que o dia passava, Sara sentiu uma alegria profunda ao ver o sorriso nos rostos das pessoas.

A história do Bom Samaritano a havia inspirado a ser gentil e prestativa com todos ao seu redor, e ela sabia que isso era o que Deus queria dela.

Quando o sol começou a se pôr sobre a aldeia, Sara fechou o livro mágico e voltou para sua casa, feliz e realizada. Ela sabia que o amor ao próximo era uma lição que ela levaria para toda a vida. Seu coração estava cheio de gratidão pela oportunidade de ajudar e fazer a diferença na vida das pessoas.

Sara guardou o livro mágico da Bíblia com cuidado, sabendo que havia muitas histórias e lições maravilhosas ainda por descobrir. Ela estava ansiosa para continuar sua jornada de amor, fé e aventura, sempre inspirada pelas páginas mágicas da Bíblia.

Enquanto Sara se preparava para descansar, ela sabia que sua jornada estava apenas começando. Cada página do livro mágico era uma porta para um mundo de maravilhas e aprendizados inesquecíveis, e ela mal podia esperar para ver para onde a próxima página a levaria.

O Jardim Encantado de Sara

Na manhã seguinte, Sara acordou com uma sensação de expectativa. Ela sabia que o livro mágico da Bíblia ainda tinha muitas histórias e lições para lhe oferecer. Com um sorriso, ela o abriu, ansiosa por sua próxima aventura.

Dessa vez, Sara se encontrou em seu próprio quintal. O sol brilhava no céu azul, e o ar estava cheio do doce perfume das flores. Ela olhou ao redor e percebeu que seu jardim tinha se transformado em um lugar mágico. Flores coloridas, árvores frutíferas e vegetais saudáveis cresciam em todos os cantos. Parecia que a natureza estava dançando em alegria.

Sara começou a explorar o jardim encantado. Ela cuidou das plantas com amor e carinho, regando-as com água fresca e removendo as ervas daninhas. Enquanto fazia isso, ela pensava nas histórias da criação que havia lido na Bíblia. Ela se sentia como uma co-criadora, ajudando a natureza a florescer.

Em um canto especial do jardim, Sara encontrou uma planta misteriosa. Era uma flor que ela nunca tinha visto antes, com pétalas brilhantes e cores deslumbrantes. A planta parecia ser um presente especial de Deus, uma surpresa mágica que a esperava.

Sara cuidou da planta misteriosa com ainda mais amor. Ela a regou com cuidado e a protegeu dos insetos. A planta começou a crescer e florescer de uma maneira incrível. À noite, suas pétalas brilhavam como estrelas no céu.

Uma noite, enquanto observava a planta, Sara viu algo surpreendente. Uma pequena borboleta saiu da flor e voou em sua direção. A borboleta era como uma criatura celestial, com asas cintilantes e cores deslumbrantes. Ela pousou suavemente no ombro de Sara e a olhou nos olhos.

Sara sentiu uma conexão especial com a borboleta. Ela sabia que era um presente de Deus, uma mensagem de amor e gratidão pela maneira como ela cuidava da natureza. A borboleta voou ao redor do jardim antes de desaparecer na noite.

Sara sabia que seu jardim encantado era um lembrete de como Deus criara a natureza com amor e beleza. Ela se sentiu abençoada por ser parte desse ciclo de vida e se comprometeu a continuar cuidando da terra com amor e respeito.

Satisfeita e cheia de gratidão, Sara fechou o livro mágico da Bíblia e voltou para sua casa. Ela sabia que cada página do livro era uma porta para um mundo de maravilhas e aprendizados inesquecíveis. Enquanto se preparava para descansar, ela sabia que sua jornada estava apenas começando. O amor pela natureza e a beleza da criação de Deus a inspirariam em suas futuras aventuras.

Sara adormeceu com um sorriso, sonhando com as próximas páginas mágicas da Bíblia e as surpresas que a aguardavam.

Davi e o Gigante Golias

No dia seguinte, Sara acordou com entusiasmo renovado. Ela sabia que o livro mágico da Bíblia a levaria a outra emocionante aventura. Com um coração cheio de expectativa, ela abriu o livro e viu as palavras ganharem vida mais uma vez.

Dessa vez, Sara se encontrou em uma colina verde e exuberante. Ela viu um jovem corajoso, Davi, que estava pegando pedras lisas de um riacho. Davi tinha uma expressão determinada em seu rosto e carregava uma funda em sua mão.

Curiosa, Sara se aproximou e viu o gigante Golias, um gigante temido que desafiava o povo de Israel. Golias era alto e imponente, vestido com armadura reluzente e segurando uma lança assustadora.

Sara assistiu enquanto Davi enfrentou o gigante com coragem. Em vez de usar a armadura pesada, Davi escolheu confiar em Deus e usou sua funda para atacar Golias. Ele lançou uma pedra com precisão, acertando o gigante no centro da testa. Golias caiu com um estrondo, derrotado.

As pessoas ao redor de Sara gritaram de alegria e vitória. Davi, com sua fé e coragem, tinha derrotado o gigante que ameaçava seu povo. Sara sentiu uma onda de inspiração enquanto testemunhava essa história emocionante.

Sara sabia que, assim como Davi enfrentou Golias, ela também poderia superar seus próprios desafios. Ela se lembrou das palavras de Davi sobre confiar em Deus, não importando o quão grande fosse o obstáculo.

Ela saiu da cena da batalha e encontrou um campo aberto onde podia praticar a confiança e a coragem que aprendera. Ela pegou uma pequena pedra lisa e, com determinação, lançou-a com precisão em direção a um alvo. A pedra atingiu o alvo, e Sara soube que podia enfrentar qualquer desafio com fé e coragem.

À medida que o sol se punha sobre a colina verde, Sara fechou o livro mágico da Bíblia com um sentimento de gratidão. Ela percebeu que a história de Davi e Golias lhe ensinara que não importava o quão pequena ou jovem fosse, ela tinha a força interior para superar obstáculos e fazer a diferença.

Com um sorriso, Sara se preparou para dormir, ansiosa para as próximas páginas mágicas da Bíblia e as lições inspiradoras que ela ainda aprenderia em sua jornada.

Sara adormeceu com a imagem de Davi enfrentando Golias em sua mente, determinada a levar essa lição de coragem e fé com ela em suas futuras aventuras.

A Jornada de Fé de Sara

Uma nova manhã raiou, e Sara acordou cheia de entusiasmo para mais uma aventura nas páginas do livro mágico da Bíblia. Ela sabia que cada história a enriquecia e a inspirava de maneiras especiais. Com um sorriso, ela abriu o livro e se viu em um lugar diferente, cercada por cães e gatos em um abrigo de animais.

Sara viu olhos tristes e pelagens desgrenhadas. Os animais estavam ansiosos por amor e cuidado. Ela soube imediatamente que sua jornada de hoje envolveria aprender a importância da compaixão e da responsabilidade.

Sara passou o dia ajudando no abrigo de animais. Ela escovou os pelos dos gatos, alimentou os cachorros e brincou com os filhotes. Ela olhou nos olhos de cada animal e sentiu uma conexão especial. Eles confiaram nela para cuidar deles, e ela estava determinada a fazê-lo com todo o seu coração.

Enquanto trabalhava, Sara lembrou-se de uma história da Bíblia sobre o cuidado de Deus por todas as criaturas. Ela viu que, da mesma forma que Deus cuida de sua criação, ela também tinha a responsabilidade de cuidar dos animais que a rodeavam.

À medida que o dia avançava, Sara conheceu uma cachorrinha triste chamada Bella. Bella tinha sido abandonada e estava procurando por amor e um lar. Sara sentiu uma conexão instantânea com a cachorrinha e soube que tinha que ajudá-la.

Sara conversou com os funcionários do abrigo e aprendeu sobre o processo de adoção. Ela soube que podia dar a Bella o amor e o lar que ela merecia. Sara se comprometeu a cuidar de Bella e a dar-lhe uma vida feliz.

No final do dia, Sara se despediu do abrigo de animais, sabendo que havia feito a diferença na vida de muitos animais necessitados. Ela estava grata por ter aprendido a importância da compaixão e responsabilidade, lições que levaria consigo para sempre.

Quando fechou o livro mágico da Bíblia e se preparou para dormir, Sara soube que sua jornada de fé estava longe de terminar. Cada página do livro a ensinava a ser uma pessoa melhor, e ela estava ansiosa para as próximas lições que aprenderia em suas futuras aventuras.

Sara adormeceu com um sorriso no rosto, sonhando com os animais que tinha ajudado e com as próximas páginas mágicas da Bíblia que a esperavam.

Espalhando o Amor e a Fé

Sara acordou com um sentimento de gratidão no coração. Ela sabia que sua jornada nas páginas do livro mágico da Bíblia a tinha transformado em uma pessoa mais compassiva e consciente. Hoje, ela estava ansiosa para continuar espalhando o amor e a fé que havia aprendido.

Dessa vez, quando Sara abriu o livro, ela se encontrou em sua própria comunidade, cercada por amigos e familiares. Eles estavam todos reunidos em um pequeno parque, prontos para fazer algo especial para ajudar aqueles que precisavam.

Sara e seus amigos passaram o dia juntos, distribuindo alimentos para os necessitados, plantando árvores no parque e até mesmo organizando uma festa para as crianças da vizinhança. Cada ação era feita com amor e alegria, e todos estavam determinados a fazer a diferença em suas comunidades.

Enquanto trabalhava lado a lado com seus amigos, Sara viu o sorriso no rosto das pessoas que estavam ajudando. Ela sabia que estava seguindo o exemplo de amor e compaixão que aprendera com as histórias da Bíblia.

À medida que o dia avançava, Sara notou um homem idoso sentado sozinho em um banco do parque. Ele parecia solitário e triste. Sara se aproximou dele e começou a conversar. Ela ouviu suas histórias, suas alegrias e tristezas.

O homem idoso sorriu e agradeceu a Sara por lhe dar um pouco de companhia. Sara sabia que, assim como Davi enfrentou Golias e o Bom Samaritano ajudou o homem em necessidade, ela também tinha o poder de fazer a diferença na vida das pessoas.

À noite, quando as atividades do dia terminaram, Sara e seus amigos se reuniram para compartilhar suas experiências. Eles viram como até as ações mais simples, como um sorriso ou uma palavra gentil, podiam criar um impacto positivo nas vidas das pessoas.

Enquanto olhavam para o céu estrelado, todos sentiram uma profunda sensação de gratidão e amor. Eles sabiam que estavam seguindo o exemplo de amor ao próximo que encontraram nas histórias da Bíblia.

Sara fechou o livro mágico da Bíblia com um sentimento de realização. Ela sabia que sua jornada de amor, fé e aventura estava longe de terminar. Cada página do livro a inspirava a ser uma pessoa melhor, a espalhar o amor e a fé onde quer que fosse.

Enquanto se preparava para dormir, Sara sonhou com as próximas páginas mágicas da Bíblia que a aguardavam, cheias de lições inspiradoras e aventuras emocionantes.

O Milagre da Partilha

Na manhã seguinte, Sara acordou com um coração cheio de alegria. Ela sabia que cada dia trazia a oportunidade de aprender mais sobre amor, fé e compaixão. Com entusiasmo, ela abriu o livro mágico da Bíblia e mergulhou em outra emocionante aventura.

Dessa vez, Sara se encontrou em uma pequena vila onde as pessoas estavam enfrentando a escassez de comida. Ela viu mães preocupadas e crianças famintas. A vila estava em necessidade, e Sara sabia que estava ali para ajudar.

Sara uniu forças com os moradores da vila e começaram a compartilhar o que tinham. Eles dividiram o pouco que tinham com aqueles que tinham ainda menos. A partilha era o lema do dia, e todos se ajudavam com alegria e generosidade.

Enquanto trabalhava ao lado das pessoas da vila, Sara pensou nas histórias da multiplicação dos pães e dos peixes que havia lido na Bíblia. Ela viu como o amor e a partilha podiam transformar a escassez em abundância.

À medida que o dia avançava, algo incrível aconteceu. Um pequeno gesto de partilha se transformou em um verdadeiro milagre. A comida começou a se multiplicar diante de seus olhos. Os cestos que estavam vazios ficaram cheios, e ninguém mais passou fome naquela vila.

Sara viu o poder da fé e da partilha em ação. Ela entendeu que, quando as pessoas se unem com amor e generosidade, milagres podem acontecer.

À noite, a vila se reuniu para celebrar o milagre da partilha. As pessoas compartilharam histórias, músicas e risadas. Todos se sentiram gratos por terem se unido para fazer o bem.

Sara fechou o livro mágico da Bíblia com um sorriso de realização. Ela sabia que a lição do dia era importante: a partilha e a generosidade podiam criar milagres na vida das pessoas.

Enquanto se preparava para dormir, Sara sonhou com as próximas páginas mágicas da Bíblia que a aguardavam. Ela estava ansiosa para continuar sua jornada de amor, fé e aventura, sabendo que cada dia trazia lições inspiradoras e surpresas emocionantes.

Conclusão

Sara havia vivido muitas aventuras mágicas nas páginas do livro especial que a levou a explorar a Bíblia de uma maneira única. Ela tinha aprendido lições valiosas sobre amor, fé, compaixão e responsabilidade. Cada história a transformara em uma pessoa melhor, pronta para enfrentar desafios e fazer a diferença no mundo.

Ela se lembrava da lição de Noé sobre a importância de cuidar de todas as criaturas da Terra, da coragem de Davi em enfrentar Golias, do exemplo do Bom Samaritano que a ensinou a ajudar os necessitados, do amor à natureza que cuidou de seu jardim encantado e da importância da partilha que resultou em um milagre na pequena vila.

Sara entendeu que a fé não era apenas uma crença, mas uma ação. Era o amor colocado em prática, a compaixão demonstrada em atos e a responsabilidade de cuidar do próximo e do mundo em que vivemos.

Ela percebeu que sua jornada estava longe de terminar. A Bíblia era um tesouro inesgotável de sabedoria e inspiração, e ela estava determinada a continuar explorando suas páginas mágicas. Com amor, fé e determinação, ela estava pronta para enfrentar cada novo capítulo de sua vida, sabendo que as lições da Bíblia a guiariam em sua jornada.

E assim, a menina bíblica adormeceu, ansiosa para acordar e continuar sua aventura de amor, fé e compaixão na manhã seguinte, sabendo que seu coração estava cheio de lições preciosas e que ela tinha o poder de fazer a diferença em cada história que encontrasse.

FIM

Printed in Great Britain
by Amazon